UNIQUE《ユニーク》

自閉症の子と母とともに

NOBUKO KOMURA
小村宣子

リーブル出版

はじめに

私は、言語聴覚士・公認心理師という立場から、自宅に設けた「こころとことばの相談室」で仕事をしてきました。早いもので、開業20年を超えました。

長い間、何か特別な訓練ばかりしてきたのか、と思われるかもしれませんね。

もちろん訓練が必要な場合もありましたが、振り返ってみて、より強く印象に残っていることは、親子さんたちとの楽しいおしゃべりや遊び、そして、「また来ようね」と言いながら寄り添って帰っていかれる姿です。

ことばやこころの専門家としての支援とともに、親と子をつなぐ、家族の輪をつくることのお手伝いにも、精を出したものだったなあと思い返しています。玄関脇のささやかな相談室が、ひととき親と子の安心できる居場所になれていたなら、それは、私の大きな喜びでもあります。

「こころとことばの相談室」が成人式を迎えた頃、なにか記念になることをしたい、とインタビュー記録の出版を決めました。インタビューはだいぶ前に行いましたが、怠け者の私のこと、文字にするまでに時間がかかってしまいました。

インタビューを快諾してくださった山本さん（仮名）は、相談室開設以来ずっと利用してくれている、自閉症と知的障害のあるお子さんのお母さんです。

これまで、何人もの自閉症の子どもたちの発達を見守るなかで、初めは親にも興味を示さず、自分だけの世界にいた子が、徐々に徐々に変化し、少しずつ共有できる世界が広がっていくという実感をもっていました。

このような、子どもたちの発達的変化を支えた大きな要因は、子どもと楽しい体験を共にする（子どもの楽しみに寄り添う）という、養育者のみなさんの姿勢だと思います。そして、子どもとの共感的コミュニケーションと呼応するように、わが子と向き合う養育者の認識にも深まりが見られると感じてきました。

共感的コミュニケーションを愛着、子どもと向き合う養育者の認識を受容、と言い換えることもできるでしょう。

臨床経験から得た、愛着や受容に関する「素朴な仮説」を、ピタリと証明してくれる代表として、今回は、山本さん親子にご協力いただきました。

長いおつきあいが功を奏したのか、ざっくばらんな話し合いとなり、たくさんの養育エピソードを集めることができました。

障害のあるお子さんを育てる後輩ママ・パパたちの、何かの参考になればとてもうれしいです。もちろん、先輩ママ・パパにも「うちもそうだった」となつかしく思い出していただければ……。

先にも書いたように、親子の共感的なコミュニケーションやわが子としての受容、そして共生ということが、ひとつのテーマになっています。

インタビューでは、障害ゆえのつまずきや困難さも、数多く語られています。知的障害や自閉症への理解につながれば幸いです。

そしてまた、想像力を働かせてトモ君（仮名）やお母さんのこころを読み取るなかで、障害という枠を越えて、私たち一人ひとりが、あらためて共感や受容に対する気づきを得ることもできるのではないでしょうか。

ところで、この本のタイトルは「UNIQUE」。

「UNIQUE」には、唯一無二という意味合いもあります。

「共感」や「受容」あるいは「共生」について考えようとするとき、私たちは皆、互いに唯一無二の存在だ、という基本的理解が何より重要でしょう。そんな想いも込めて、このユニークなタイトルをつけてみました。

別のテーマを見つける読者もおられるかもしれません。まずは肩の力をぬいて、目にとまったページから自由に読み進めてください。

特別なルールは何もありませんが、コラムについて少しだけ説明しておきます。ところどころに「チョット科学してみると」・「伴走者の眼」というコラムを入れておきました。

「チョット科学してみると」では、基本的な専門知識をできるだけコンパクトにわかりやすく紹介します。チョット種明かしをすると、言語聴覚士の養成校で講義したら、学生さんたちがナルホドとうなずいて聞いてくれる内容からアレンジしました。

「伴走者の眼」では、トモ君親子に支援者として関わってきた、私の体験や考えを、インタビュー内容に沿って述べました。

伴走者というネーミングについて、最後にひとこと。あくまで主人公は当事者とその家族。支援者は寄り添って走りながら、ときには案内役にもなる「伴走者」だと、よく言われます。私もこれをモットーにしていますので、今回、コラム名としました。

目次

I．子どもとこころを繋ぎたくて

1．トモ君のあゆみ

トモ君のことをピッカリ紹介しておきましょう。

現在、障害者作業所で働く23歳。自閉症と知的障害のある人です。最近の趣味は、もっぱらゲーム（「スイッチ」）で、ついつい夜が遅くなってしまうそうです。運動不足気味でお腹まわりがプクプク成長中。お母さんや私から「メタボダメ。ダイエット」などといわれています。

「こころとことばの相談室」では、高齢の指導者らしい low-tech ゲームや、「オハナシ」（文字ヒントを入れた初歩的な対話）といった、コミュニケーション課題を続けています。毎月1回の来談は、今やすっかり彼の生活パターンになっていて、次回予約のときには、お母さんの手帳をのぞき込みながら、○月○日と復唱します。

以上がトモ君の現状です。小さい頃のようすなどは、【資料　トモ君のあゆみ】を参考にしてください。また、コラム「伴走者の眼」でも取り上げていきます。

【資料　トモ君のあゆみ】

時期	コミュニケーションと支援の状況など
保育園年少	▼知的障害と「自閉症」診断。 ▼母子場面で型はめパズルなどひとり遊び。保育園でも他児に背を向けて遊ぶ。 ▼遊びながらの発声増。パズル成功時に拍手するとニッコリの表情。 ▼ままごとセットで遊び始め、自分の好物のニンジンを母親の口元にもっていく。 ▼私がおもちゃ投げを止めると、泣き顔に。母親に抱っこされる（学年末頃）。
保育園年中	▼学年初め、ひとり遊びに逆戻り。遊びが移りやすい。徐々に復調。 ▼アニメ「トーマス」から汽車のおもちゃに興味大。連結しにくい時は、母親や私の手を取って助けを求める。目を合わせるようになる。 ▼お気に入り絵本で母親に名称を言わせ、自分もまねようとする。オウム返しの印象に少しずつ変化。

保育園年長	小学校低学年
▼ジュース缶を開けてほしい時、母親に渡して要求。来談時、掻いてほしくて「かい（かゆい）」と発語するが、独言的印象で母親以外には伝わりにくい。 ▼身近な名称理解の課題で、3～4枚の絵カードから選択し、私に手渡す。みかんとりんごなど近い関係では誤答もかなりある。見学していた母親から、「もっとわかってると思っていた」との話。	▼折り紙をつくる。折り方図を見せながら、私が折ると注目。まねてつくる。折ることには興味があり、「できた」とうれしそうにするが、そのあとすぐ、ゴミ箱に捨てる。作品からイメージして楽しむことは難。 ▼パターン化された課題場面では、「～はどれ？」「これ何？」に応じ始めた。発語は不明瞭で語音の配列にも誤り。 ▼今までは風のような印象で入室していたが、「こんにちは」に応じて入り口で立ち止まり、私を見る。 ▼来談時腹痛あり、「トイレ」と発語。私にも要求表現と受け取れる。

小学校中学年

▼「こんにちは」に応じて、にっこりして、私と目を合わせるようになった。
▼家庭で「（ジュース缶を）開けて」など、ことばで要求し始めた。
▼わざと尻もちをついて、母親や私の反応を楽しんだりする。私が助けようとすると、「嫌。かあさん」。
▼4年生になって、来談時「こんにちは」が返ってくるようになったので、続けて「車で来たね」などことば掛け。しかし、表情が硬くなり、上半身を前傾させた、不自然な行動に出る。
不安や緊張への配慮の必要性あり。さりげない挨拶に止めることで、不自然な行動はなくなった。
▼発達検査（新版K式2001）言語・社会領域で、3歳6カ月級を概ね通過。検査に乗れ始めた。

小学校高学年

▼5年生。専門医の定期受診で「重度」の判定。

▼しりとり。紙にも書いていく。交替を理解し、私が遅いと目でサインを送ってくる。10月頃、延々と続くので、「中止、引き分け」と紙に書きながら言ってみると、少し混乱したが、次の課題に移れた。年度末頃、勝負が長くなると、トモ君の方から「むずかしい」と言って、引き分けを要求する。

▼6年生。春先、アレルギー性鼻炎がひどく、ティッシュを勧めると、「2」と言って、2枚取り出す。従来、ティッシュの取り出しを途中でやめることが難しかったため、箱に「1」と張り紙していた。張り紙の撤去後も、パターン的に「1」と言いながら取り出していた。この時なぜ「2」と自発したのか？　かなり多量の鼻水だったので、トモ君なりの柔軟な判断だとしたら、成長を感じる。

▼修学旅行参加。その後も、家で繰り返し写真を並べて、母親といっしょに見ている。

中学校

▼特別支援学校中学部入学。環境変化のせいか、6月頃まで来談時もイライラしている。

▼徐々に文字ヒントを減らしながら、学年末には姓名、学校名、学年、年齢、住所が答えられるようになった。親子サークルの自己紹介でも、母親の軽い促しで姓名と学校名が言えた。

▼2年生。私が教材を落としガシャンと大きな音。思わず「ごめんね」と言ったところ、自然な抑揚と柔らかい声で、「びっくりした」と児の発語あり。なんとなく対話に一歩近づいたような印象。

▼3年生。母親と私が学校の運動会を話題にすると、トモ君も聴いているようす。私がトモ君の参加種目名などを筆記すると、それを声に出して読んだりして、最後まで興味をもてていた。

▼母親も参加して、家庭や学校での身近な出来事について、筆談風のやりとり（「オハナシ」）。母親といっしょに通っている、ウオーキング教室の話題などは、興味の共有がしやすく、楽しめる。

▼3語文の理解が進んできた。表出面では2語文も見られるが主に1語文。

Ⅰ．子どもとこころを繋ぎたくて

チョット科学してみると

★自閉症

・正式名称

名称には変化がありましたが、最近の診断等では「自閉症スペクトラム障害／自閉スペクトラム症」（ＡＳＤ）と呼ばれることが多いです。

・「症状」（行動の特徴）

（ア）対人関係やコミュニケーションの困難さが持続的にみとめられます。

（イ）興味や活動の広がりが乏しく、限られた対象に反復して向けられます。

こだわりと呼ばれることもあります。

なお、（イ）のなかに知覚過敏または鈍麻（後述）を含みます。

・原因

専門家の多くが、脳機能の障害を想定していますが、詳細は今なお不明です。

・スペクトラム

スペクトラムは連続体という意味。

障害の程度は幅広く、適応状態なども実に多様です。

スペクトラムを山に例えると、すそ野の広がりはどこかで、ＡＳＤの特性をもたない人たちの発達と重なるのかもしれません。

2．不思議な赤ちゃん

ちっとも甘えてこない子

Ⓠお姉ちゃんに比べて、甘えは少なかったですか？
Ⓐ少ないというか、もうほとんどなかったです（超即答で）。
Ⓠお姉ちゃんを5とすると、どのくらい？
Ⓐまあ、義理で1（これも即答）。

手がかからないのは、男の子だから？

Ⓐお姉ちゃんとあまりにも違っていた！ので……。
お姉ちゃんはすごくよく泣いたけれど、トモは全然!! 泣かなかった。

夜も、11時12時くらいにミルクを飲んだら、朝5時くらいまでは、きっちり寝てくれたので、私は安心して寝られました。

あまりにも対照的。

こんなにも違うんだって。

男の子と女の子は違うとは聞いていたので、男の子はこんなにも楽なんだって、ずっと思ってたんですけど……。

抱っこの嫌いな、不思議な赤ちゃん

Ⓠ抱っこを嫌がったと聞いてましたけど、授乳のときは？

Ⓐそうですね。ミルクがほしくなったら、ちょっとぐずる。

それで、私がミルクを作り始めると、なんとなく寄ってくる。

でも、私のそばまでは来ませんでした。やっぱり抱っこでないと飲ましにくいんで、本人もそのときだけは、まあいいか……というような感じで。仕方なしみたいに、抱かれてましたね。

ひとりでミルク飲んでました

Ⓐ1歳くらいまでは抱かれて飲んでたんですけど、哺乳瓶をもてるようになってくると、もう自分で飲むっていう……。
手で押さえたり、器用に足を使ったりして、それで支えて飲んでました。

Ⓠお母さんが抱っこで飲ませてあげようとすると？

Ⓐなんか、こう、肘で突かれるような感じで、嫌がってました。
それから、ある程度自分で飲むようになったので、もうそのままで、飲むようにさせました。

Ⓠそうですか。「これミルク、はいどうぞ」みたいな感じになったんですね。

Ⓐそうです、はいはい。

science

チョット科学してみると

★感覚過敏・知覚過敏

自閉症の人自身に聞いてみても、感覚が想定以上に鋭いところがあるようです（逆に鈍いところも指摘されています）。

たとえば、インタビューに出てくる「抱っこ」にも関連のある、触覚過敏があげられます。

触られると、まるで叩かれているように痛く感じる、針で刺されるみたいに感じるといった感想が語られています。

本人自身にはどうしようもないことなので、接する側ができるだけ想像力を働かせて、強引に握手を求めるなどの対応は控えるべきでしょう。

他にも聴覚や味覚・嗅覚などにも過敏があるようです。

ここでチョット寄り道をして、知覚過敏の問題を別の視点からも見てみましょう。

インタビューがもう少し進むと、高い所に届きたくて、お母さんに抱え上げてもらうという内容が出てきます。

「抱っこ」されるのは嫌いだったはずなのに？と不思議に思いますね。

しかし、物理的な刺激を、個々人の「あたまとこころ」のフィルターを通して受け取るのが知覚ですから、本人なりに場面や活動の意味がわかってくると、知覚のあり方も変化するのかもしれません。もちろん、ケースバイケースですが……。

インタビュー

3．ぼくの世界に入ってこないで

目を合わせない、笑わない

Ⓠまだ抱っこで授乳していた頃、お互い目が合って微笑み合うようなことは？

Ⓐだんだん笑わなくなって、目も合わなくなってきました。

Ⓠ目が合わないことが、はっきりしてきたということ？

Ⓐそうです。目が合っても、ずーっと合うというわけじゃなく、ちょこっと合ったら離れる、そんな感じでした。

ひとりで遊ぶ

Ⓠ遊びのときはどんなようす？

Ⓐ2歳くらいから、ベネッセのしまじろうを取り出しました。お姉ちゃんが取っていたので、この子にも試してみようと思って。その付録の布絵本とか、積み木とか、ビデオとか、そんなものをにこにこ見ながら、じっと私に背中を向けてました。

「ぼくの世界に入ってこないで」というオーラ

Ⓐ私が「何これ?」って近づくと、すーっと離れて、ちょっと嫌そうな雰囲気、オーラというか……、来るなっていうか、そんな感じにちょっと避けられて。それでもやっぱりいっしょに遊びたいと思って、そばへ寄っていくと、絵本がバリケードみたいにだんだん積み上がりました。バリケードのなかで、壁の方を向いて、本を見たり、ミニカーを走らせてみたりしてました。

それで、嫌なんだっていうのがすごくわかって……(笑いながらの思い出話ではあるが、当時の母親のがっかりした気持ちが伝わってくる)。

science

チョット科学してみると

★ひとり遊びと三項関係

典型的な発達では、生後6カ月頃から、モノへの興味が強くなってきます。モノを使ったひとり遊びが増えて、それまでの養育者との遊びやコミュニケーションが少なくなりがちです。

そこで養育者は、子どもが興味をもっているモノを、コミュニケーションに取り込むためにいろいろな工夫をします（たとえば、ボールをころがして見せるなど）。

そして三項関係を安定させていきます。

三項関係とは、子どもと他者（養育者）と対象（モノ）の三つをつなぐ関係です。

自閉症では、人に対する興味関心の薄さなどから、三項関係が育ちにくく、モノを使ったひとり遊びが、長く続く傾向が見られます。

インタビュー

ひたすら、後ろから観察する母

Ⓠトモ君の気持ちを読み取るのは、なかなかむずかしかったでしょう？

Ⓐそうですね。だから、じっと常に後ろ姿を見ていました。何かをしてほしいときは、絶対こういうふうにして周りを見始めるので（トモ君のようすを再現。困惑して、なんとなく周囲を見回すような印象を受ける）。何かが要るのかなって、後ろから見てました。

Ⓠ後ろから、観察するというのはなぜ？

Ⓐ初め、正面からもやってみたけど嫌がるから、常に後ろでした。

母のアンテナ、感度良好

Ⓠお姉ちゃんのときと比べて、アンテナを張り巡らしていたと思いますか？

Ⓐ思います。

お姉ちゃんには、なにかあったらすぐに、私に抱かれにきて、「お母さん」っていう行動があったけれど、この子にはそれがなかったし、ことばも本当になかったので。

ふっと周りを見だしたら、何が要るのかな、何を探しているのかなと、観察をするようになりました。

Ⓠなるほどね。「子どものようす」に敏感になったと思いませんか？

Ⓐうーん。そうですね。

今も、よその子どもでも、すっと見てしまいますね（笑）。

science

チョット科学してみると

★愛着

愛着はアタッチメントの和訳です。

直訳は「くっつく」（ちなみに、アタッチメントは他の動物にも見られます）。もう少し説明すると、不快・不安などネガティブな感情状態にあるとき、特定の人にくっつこうとする傾向を意味しています。

インタビューで、姉は、なにかがあったらすぐに抱かれにきたという内容が話されていますが、愛着の意味にピッタリ当てはまっています。

身体をくっつけるだけではなく、心理的にくっつくことも含まれています。だから「こころの絆」と呼ばれたりもします。

愛着は乳幼児期に限らず、生涯にわたって続きます。そして、共感性やこころの理解能力の発達と関連するともいわれています。

自閉症でも、愛着は形成されることがわかってきましたが、その遅れや質的な特徴が指摘されています。

幼い頃の特徴のひとつに、ネガティブな感情を回避するために、特定の人を求めるものの、その人との親しみのあるやりとり遊びなどは少ない点があげられています。

自閉症の特性理解とともに、愛着の形成をあせらず、長い目で見ていく必要もあるでしょう。

インタビュー

4．甘えの芽生えまで

ほしいモノgetの「道具」

Q お母さんに甘えて要求するような行動はありました？

A そうですねえ、甘えるという感じはあまりなくて……。小さい頃はジュースとか、フルーツのゼリーが好きで、取ってくれというとき、私を引っ張りにきてフッと押すので、ジュースかなゼリーかなという感じで伝わってくる。それで、両方を見せて、「どっち」って聞いたらほしい方を取る。最初はそこから始まって……。

Q いつ頃？

A だいたい2歳過ぎてからかな……。

それまでは、もうそろそろおやつの時間かなという感じで私が与えてました。

Q エアコンが見たくて、抱え上げてもらうようなことも。たしか、あったよね？

Ⓐ そうそう、ルーバーが回るのも、それからエアコンの風がすーっと出てくるのも気になるし、そういうのもありましたね。

よっぽど興味があったり、自分では無理なときは呼びにくる。

ことばはないけど引っ張りにくる。

Q そのときに目を合わすということは？

Ⓐ あまり、なかったですね（ためらいなく答える）。

このヒト、けっこう楽しめるゾ

Q お母さんのしてあげたことが楽しくて、何度も要求してくるようなことは？

Ⓐ あっ、はいはい（思い当たることがあるという口調）。

まだ小さかったので、「高い高い」のように、上げたりするのは喜んでました。

Ⓠたしか、抱っこされるのは嫌いじゃなかった？

Ⓐそうです。でも（抱えて）上げてもらって、自分が高い所に届くみたいなことが好きでした。

その他に、抱えてくるくる回るとか、あーいうのはやってほしいがありました。

Ⓠそうなんだ……。カレンダーの数字を指さしてほしいのもありましたよね？

Ⓐありましたね。なんか順番にやってみたいに。

Ⓠそういうときには目が合いましたか？

Ⓐまあー、合うけど、ピカッとという感じですね。

science

チョット科学してみると

★自閉症の愛着形成

少し古いめですが、当てはまるなと実感することが多いので、ひとつの研究報告を紹介します。

高橋（２００６）は、子どもにとっての愛着対象のイメージに注目して、自閉症に特徴的な愛着形成プロセスをまとめました。特徴的な3段階を次にあげますが、いずれも愛着形成の初期に当たります。

①混沌：周囲の世界が自分とどう関係するのかわからない。養育者（愛着対象）がどんな役割をしてくれるかもイメージできない段階

②道具：自分の要求を満たすための便利な道具としてイメージする段階。特徴的行動としてクレーン現象がある

③快適：道具に加えて、楽しい体験とセットされた（人）としてイメージする段階。人というイメージはまだ不確か。特徴的行動として愛着対象への探索行動がある（例：お母さんの髪を触る）

①～③の後、典型的な発達にも見られる段階へと進みます。

それは、愛着対象を安全基地として依存する段階、また次に、愛着対象を基地にして探索しながら自立して行動する段階です。

インタビューのエピソードにも当てはまるところが少なくありません。参考にしてみてください。

インタビュー

イヤダイヤダ!!からの逃げ道ナビ

Ⓠ嫌な場面でも、お母さんに対するトモ君の行動はありましたか？

Ⓐそうですね……抱っこよりは、嫌な所から逃げたいというので引っ張りにくる。引っ張って向こうへ行こうというのがありましたね。

Ⓠひとりで行かずに、いっしょにみたいな？

Ⓐやっぱり一応……。ひとりで行けなかったのかどうかわからないけど、そういうときは引っ張りに来て、「あっち」って言うこともありました。保育園の夕涼み会のときにも、花火のパンという音とか会場案内の園内放送の音もすごく嫌がって、もう本当に大泣き、パニックになって。そういうときはそこから逃げたくて、引っ張りにきました。

甘ぇの芽生ぇ……この人といっしょに

Ⓠ年中組になり、環境変化でしんどい時期がありましたよね。

Ⓐそうでしたね。担任がかなりテキパキした先生だったので。

Ⓠそのときに、今までになくお母さんに甘えることがあったとか？

Ⓐそんなこともありましたね。結構甘えてきてましたね。

お迎えに行ったら、走ってきて一度手をつないで、それから園庭でちょっと遊んで帰るんですけど、そのときも私のそばに寄ってきて、いるかどうか確認してまた遊びに行くということがありました。

colum

伴走者の眼

当時、トモ君のようすが逆戻りしてしまったように思えて、お母さんはがっかりしていました。

たとえば、スプーンをもって自分で食べていたのに、また介助が必要になりました。食事中に動き回ることも目立ちます。

しかし、一方で大きな変化がありました。

トモ君がお母さんに甘えるようになったことです。「夢みたい!!」というお母さんのことばを、私は今でもはっきり記憶しています。

新学年初め、教室も先生も変わってしまい不調に陥ったトモ君。お母さんにくっつくことでダイジョウブになりたかったのでしょう。

自分は必要ないんだと諦めていたお母さんにも、わが子の甘えの芽生えは大きな喜びでした。

その後、少しずつ調子を取り戻したトモ君に、お母さんもほっとしました。そして、「私はやっぱり母親や」という気持ちになってきたと話してくれました。

5. こころが繋がる

お母さんに向けられた「楽しいネ」

Ⓠお母さんに甘えてくるようになって、楽しいねと共感するというのはどうですか?

Ⓐあります。それはあります。

Ⓠ龍馬空港での飛行機の話とか……。

Ⓐそう。飛行機が飛んできたときも、「あっ!!」って言いながら指さしながら、私の方を確認して「あっ」って。
たぶん「飛行機」って言いたいんでしょう……。
飛行機の音は嫌ですけど、飛行機は好きだった。

Ⓠ「お母さん、飛行機見つけたよ」というサインでしょうね。

Ⓐはい。他にもブランコも好きで、私が後ろから軽く押してやると、後ろを確認することがあった。そのときはニコニコ笑っていました。目も合うし。

こころをつなげた龍馬空港

Ⓠお母さんもうれしくて、長時間、空港で過ごしたのでしょう？

Ⓐそうでした。寒いなかでもクルマの窓を全開にして、1時間2時間というのはざらでしたね。

ずっと見てました。

「来たね。来たね」「飛んでいったね」「大きいね」って言いながら。

Ⓠそれはお母さんのことば掛け？

Ⓐそうです。

Ⓠトモ君のようすは？

Ⓐニコニコしながら、覗いてました。

最初はこうやって（飛行機の音が苦手なので耳塞ぎ）、顔をちょっとしかめながら、じっと見てました。

そのうちだんだん成長してくると、耳を押さえることがなくなって普通に見るようになりました。

science

チョット科学してみると

★共同注意

共同注意は三項関係とも関連していて、子どもと他者（養育者）が同じ対象に注意や興味関心を向けることです。インタビューでは、トモ君とお母さんが、飛行機という対象への注意を共有しています。

共同注意にもとづいた子どもの行動は、相手とコミュニケーションしたいという、はっきりした意図をもっています。共同注意行動にはいろいろありますが、インタビューに出てくるのはポインティング（指さし）です。

共同注意行動は、ことばによるコミュニケーションの基礎ということもできます。

自閉症では、三項関係や共同注意の発達につまずきやすいですが、身近な人が子どもの興味関心に沿って関わるなかで、マイペースながらも、少しずつ変化も見えてくるはずです。

インタビュー

「飛行機ないネ」と、涙涙

Ⓐでも、時間によっては飛行機が飛んでいって、空港に1機もいなくなるんです。すると「ないね。ないね」と泣いていました。

Q そのときもお母さんに訴える感じで?

Ⓐたぶんそうだと思います。

私の方が先に「飛行機飛んでったね。なくなったね」って言ったら、「ないね。ないね」と泣き出しました。

もう本当に涙をポロポロ流して。

「ちょっと待ってたら、また飛んでくるからね」と私が言いながら待ちました。

30分くらいしないと来ないですけどね。

こころのコントロール　お母さん、大丈夫ダヨネ

Ⓠ飛行機が全部飛んで行ってしまい、トモ君は泣いてる。間違いなく不快な場面ですね。そのとき、お母さんの関わりによって、気持ちを立て直すことができていたのかしら？

Ⓐ小学校の間ずっと空港通いが続いたんですけど、だんだんにそうなったように思います（確信のある口調で）。

「もう来るかな」「来たかな」「あっ、ほらライトが見えた」とか、私が声掛けをずっとしてた。

そしたら、前後どちらから来るかがわからないので、トモはずっとキョロキョロして、私はずっと声掛けしながら待ってました……。

親も子も、うれしい!!　大きくなった共感

Ⓐ長いこと待った後、飛行機が来たら、トモが「来た!!」「飛行機、飛行機!!」って。

Ⓠそれは、お母さんに知らせたいから？

Ⓐそうです。

私が「トモ、ライト!!」と言うと、ニコッと笑う（子どものうれしさへの母親の共感が口調に出ている）。

そういうのを見ているとやっぱり……（少し涙声に）。

Ⓠそうねえ。お母さんもうれしいねえ。お互い気持ちが通じるねえ。

Ⓐそう。私も「来たねえ」って言って……。

そしたら、もう車が揺れるくらい跳び上がってズシンッて、喜んでいるのがすごくよくわかった。

やっぱりうれしいときには跳び上がるというのが、この子たちの（自閉症の子の）特徴なので……。

うれしそうにしていました。

science

チョット科学してみると

★共感と感情コントロール

子どもは養育者になだめられ支えられながら、少しずつ自分自身でも、快や不快をはじめとする感情をコントロールできるようになっていきます（感情を情動という語で表すこともあります）。

自閉症では、養育者に支えられた感情コントロールにスタートからつまずきがちです。つまずきの背景には、子どもが感じている快や不快に養育者が気づきにくいこと、また、なだめる手がかりを見つけにくいこと、などがあげられます。

たとえば、お父さんから「おはよう」と大きな声であいさつされると、聴覚過敏の子は不快になってしまいます。

泣き出す子を前にして、お父さんには訳がわかりません。

今度は、お母さんがなだめようと抱っこしますが、触覚過敏のために不快の掛け算に。

これは、知覚過敏の絡んだ、ちょっと極端な例だったかもしれませんが……。

このような展開を繰り返すことで、子どもは感情コントロールの成功をなかなか体験できません。

そして、もうひとつ残念なのは、養育者との快・不快の情動共有＝共感を体験しにくいことです（共感としては非常に初期に当たりますが、取りあえずここではイコールで結んでおきます）。

しかし、道がないわけではありません。インタビューも参考になりそうです。

まず子どものようすをよく観察し、快・不快の対象が何かを見つける／快の対象が見つかったら、子どものペースに合わせて、いっしょに楽しんでみる。

このような糸口から、共感や感情コントロールは少しずつ育っていくはずです。

インタビューでは、子どもと共感できたというお母さんの喜びも印象に残りました。

インタビュー

6. こころの安全基地～外の世界へ

慣れない場でも、お母さんが安全基地に

Ⓠなるほどねえ。

段階を追って、お母さんとの関係が育ってきたんですねえ。

そう言えば、親子サークルのときなんかも、トモ君はだいたいお母さんのそばにいたような印象が……。

Ⓐやっぱりそうですね、私がいたら大丈夫というのが出てきました。

私の後ろにすーっと来て、この辺にぴったりくっついてずっと立っていました。

それでもまだ不安なときは、私の腕を押さえにくる。

それから服の後ろを押さえる（つかむ）。

そんなことがだんだん出てきました。

Ⓠそれはいつ頃?
Ⓐだいたい小学生の頃ですね。
Ⓠサークルでも、最初のうちは、なかなか過ごせなくて、先に帰ることもあったね。
Ⓐ小学校の頃からだんだん大丈夫になってきました。
だんだんいっしょにいるようになって、号令係なんかもしてくれたり……。
Ⓠお母さんを頼りにしながら……。
Ⓐ私がいたら一応安心するみたい。
そばにいなかったら必ず確認に来る。
私がいるのを確認してから、またそこ(活動の場所)に戻るということがありました。

離れていても大丈夫!! こころの絆

Q 高等部になって寄宿舎にも入りましたね。

Ⓐ 手前からずっと、高等部になったら寄宿舎と言って聞かせていたので、本人にしたら、寄宿舎に入るけど、夜は家に帰ってくると思っていたみたいで。トモは「夜、家」って言う。

だから私が「違うよ。月曜日は学校から寄宿舎へ帰って、ごはん食べて、お風呂入って、寝る。朝、寄宿舎から学校へ行きます」、「金曜日の夜、お母さんお迎えに行きます」という説明をずーっとしてたら、本人にも、「お母さんお迎え」っていうことばが入ったみたい。

最初、寄宿舎へ行ったときは不安そうで、私が「お母さん帰るからね」と言うと、「母さん、母さん、母さん」（口調をまねて、トモ君の不安が表現されている）ってずーっと言ってた。

けど行ってみたら、夜みんなでご飯を食べて、お風呂に入って、余暇時間にはビデオ、ゲーム、音楽とか本とか好きなことしたり、先生にも遊んでもらったりして、意外に楽しかって、お母さんはいらなかった（笑）。

Q お母さんはいらなかったなんて!?　お迎えのときはどうだった？

Ⓐお迎えに行ったら、もうニッコリ笑って。

「やっぱり顔が違うね」って先生に言われながら通いました。

だけど、「(寄宿舎)楽しい」っていう本人のことばがあったので、私も安心しました。

Ⓠ先生方はよく観察していますねえ。

お母さんがお迎えに来てくれるとわかっているから、トモ君も安定していたんですね、きっと。

colum

伴走者の眼

寄宿舎入所から初めての相談日。トモ君はけっこうご機嫌でした。「よかったね」と声を掛けると、お母さんは少し涙目になりました。びっくりしている私に、お母さんは説明してくれました。

トモ君が寄宿舎で過ごす月〜金曜日、家が静かで広くて「なんかスースーする」というのです。

お母さんから「寂しい？」と聞かれると、「別に……」と、一見クールなお姉ちゃん。そのわりには、どことなくションボリにも見えるとか。

そして、夕方になると、どちらからでもなく「そろそろ晩ごはんやね。どうせトモおらんし、もうなんでもいいか」と、あっさり話がまとまるんだそうです。すっかり気が抜けたみたいだと言っていました。

こんなお母さんやお姉ちゃんのようすから、トモ君が家族の一員、それどころか中心になっていたんだと、私にもじんわり伝わってきました。

今回のインタビューで、実際にはそばにいなくても、お母さんがトモ君の心理的な安全基地になっていたことがわかってきました。

自閉症の愛着は、要求をかなえるための、道具的安全基地になりやすいという指摘もありました。たしかにその傾向は否定できませんが、心理的安全基地にゴールするまでの、自閉症独特のプロセスと考えることもできます。

それからもうひとつ、お母さんのこころにも注目です。

お迎えに立ち会った先生は、お母さんに向けるトモ君の笑顔が、「やっぱり違うね」と言いました。

トモ君のなかに、「ぼくのお母さん」という認識がしっかり育っていることを、第三者から評価されたのです。

「(寄宿舎が楽しくて) お母さんはいらなかった」。お母さん自身のセリフです。

愛着のスタート時点でも、「お母さんはいらなかった」が何度か繰り返されました。しかし、今回は額面通りではありません。意味がまったく逆になっています。

そこには「『かあさん』⇕『トモ君』」という関係への、お母さんの確信がうかがえます。

インタビュー

7．青年トモ君の変貌

Ⓠ寄宿舎から帰宅したら、学校の出来事を話したがることもありましたね。ボウリングの話を聞いてほしくて、お母さんは荷物を片付けられなかったとか……。

Ⓐうん。うん。ありました。

Ⓠ最近はどう？

Ⓐ今はあんまりないですね。

Ⓠ車で走っているときに何か見つけて、お母さんに知らせるとかは？

Ⓐ全然ないですね。（ひとりで）じーっと見ていたりします。

Ⓠそう。まあ年頃もありますよねえ。もう青年ですからねえ……。

Ⓐそうなんですよね。逆戻りじゃないけど、前（小さい頃）みたいに（そばへ）来るなというような……。

やりとりカナ？ お母さんへのイタズラ

Ⓐ（やりとりについて）強いて言えば、テレビを見ているときのことかな……。（同じリモコンを使う）トモのゲーム用のテレビと普通のテレビがあるんですけど、どっちも自分が占領したい。でもたまには私も見たいし、「トモ、ちょっとリモコン貸して」と言っても貸してくれない。「トモはゲームしてるでしょ。お母さんはテレビ見たい」と言うと、しぶしぶ貸してくれる。いったん貸してはくれるけど、私がテレビに変えてリモコンを置くと、こっそり取っていって勝手にチャンネルを変えるんですよ。私が「エッ!?」と言ったら、「テレビ（を見たい）」とトモが言う。そういうやりとりはあります。

それから、私が外国ドラマを見ていると、いきなり英語にピッと変えてみたり。

なんか横から邪魔をしにくる、いたずらする。そんなことが、今あります。


「こらっ、トモ!!」と言いながら、うれしい笑顔のお母さん

Ⓠふーん、お母さんをからかって遊ぶみたいな……。

Ⓐそう、自分はゲームをしているのに!!

私がドラマを見ていたら、急にトムとジェリーに変わったりとか、日本語から英語に変わったり。

「トモ、お母さん英語わからん」って言うと、横でニターッと笑っている。

「こらっ、こいつ!!」みたいな（笑）。

Ⓠ今度一回、お母さんの方がトモ君に割り込んだらどう？（笑）

Ⓐいや、やりたくっても、リモコン絶対貸してくれません、そういうときは。

だいたい夜の10時くらいになったら貸してくれます。

それで、私が「ねえトモ、（お母さんの見たい番組は）終わったし」って言うと、トモは横でニッタニッタ笑ってます。

まあけど、それもいいかなと……（笑）。

「あー、今日は（お母さんのテレビ）見られなかったね」って言いながらね。

毎日のようにそういうやりとりですよ。

やっぱり、お母さんとのやりとりが消えたわけじゃない

Q そういうやりとりがあるんですね。

お母さんとのコミュニケーションを取りたいというのは、やっぱり、消えずにあるんじゃない？

小さい頃とはかたちが違っていても……。


Ⓐ たぶんそうですね（「たぶん」はいらないくらい、確信のある口調）。

必ず私の顔を見てニッと笑うから、絶対なんかしてやろうと、悪いこと企んでるなとわかるんですけど……。

今、トモのようすはこんな感じです。

Ⓠお母さんが大目に見てるってところかな……。でも、なんか本気で叱ったら？　そのときはシュンタロウ？

Ⓐ（シュンタロウに）なりますね。しばらくは放っておいてくれっていう感じで、「怒られた。怒られた」って言って、ずっとブツブツ言ってますけど、あとですーっと来て、何も言わずに横の方で座ってます。

Ⓠなるほど……。彼なりの関係修復なんでしょうねえ。

colum

伴走者の眼

すっかり青年になったトモ君。

発達検査上は幼児期をクリアしていませんが、生活年齢というものは、やはり重いですね。

私の所で課題が終わると、必ず機関車トーマスを出して遊びます。この遊びのときは、基本的にひとりでリラックスしたいようです。

それでも高等部の頃までは時々、わざと脱線させて「オット!!」と言ったり、お母さんや私にアピールすることも見られていました。

ところが、最近では様変わり。お母さんと私の話が終わるまでの「時間つぶし」という印象です。

「トモ君、お待たせしました」と言うと、絶妙のタイミングで片付け、チラッと私を見て「サヨナラ」。青年の雰囲気が漂っています。

もちろん、青年トモ君の変化を、私以上に強く感じてきたお母さん。

やりとりがなくなっても仕方ないという想いと、やっぱりコミュニケーションを続けたいという想いの両方があったようです。

インタビューで、私は、テレビのいたずらにトモ君のコミュニケーション意図を読み取りました。そして、そのことをお母さんと共有しました。

その流れのなかで、「『こらっ、こいつ‼』みたいな」と語りながら見せた笑顔に、お母さんのうれしさがはじけているように思いました。

もうひとつ、お母さんの感情に注意を向け始めた点で、トモ君の成長を感じます。

テレビのいたずらに表れた、お母さんへのからかい。「（お母さんに）怒られた」と言ったあとの関係修復っぽい行動。

こんなところに、他者のこころの理解につながる、初めの一歩を踏み出したトモ君を見つけました。まだまだ遠い道のりですが……。

インタビュー

家族の輪のなかで

Ⓠ話は戻りますけど、家族の他の人にも、テレビのいたずらをすることってある？

Ⓐおじいちゃんとか、お姉ちゃんにはしないんですよ。
私とトモとふたりのときだけ。

Ⓠふーん、そうなんだ。おじいちゃんたちとテレビを見るときは、どんなようす？

Ⓐ夕飯はみんないっしょなんですけど、おじいちゃんはテレビの天気予報を必ず見ます。
おじいちゃんが「15日は雨や」と言うと、トモが（降水確率）「30％」、（気温）「18度」って。こんな調子で、トモがずーっとしゃべっているというような（笑）。

天気予報を見ながら、トモのおしゃべりを聞いて、おじいちゃんは「そうだね」って。

おばあちゃんも「そうだね、ほんとだね」って言ってくれる。


Ⓠなんかほほえましいですねえ。夕飯のようす、もう少し聞かせてください。


Ⓐえーっと、おじいちゃんが座って、その隣がトモ。おじいちゃんの向かいがおばあちゃん。その隣にお姉ちゃんが座って。私はトモの横で付いています。

それで私がいたら必ず、大好きなキムチはお母さんが、ご飯の上にのせるというのがあるんですよ。

お茶碗もジワーッと寄ってきてお箸がこうくるから、「アッ、キムチかね!?」となって、のせてやります。

周りがそれを見ていて、「トモ、自分でのせてごらん」って言われるけど、知らんぷりして必ず「母さん」って（笑）。

なんか毎日そういう雰囲気で。


Ⓠキムチの一件も興味深いですね。お母さんとのコミュニケーション？　こだ

わりもあるのかなあ……。

それはさておき、同居を始めた頃、おじいちゃんもおばあちゃんも、トモ君との関わり方にとまどいが大きいと聞いていましたが、今では、トモ君が家族の輪に入ってる、もしかしたら輪の中心かもって。そんな感じがします。

chapter Ⅱ

Ⅱ．お母さんのこころを辿れば

インタビュー

1．私のせいかもしれない

私が悪いのかもしれない

Ⓠお母さん自身の気持ちの変化についてもお聞かせください。

振り返ってみて、トモ君のことでお母さんがしんどかったのは？


Ⓐ夫の実家に連れていったりすると、よそと比べられる。

結局私の育て方が悪いとか……、しつけが悪いとか。

そして、何がおかしくて何がいけなくて、こういう状態で、こういう反応の子になったんだって、ずーっと言われてきました。

夫にも言われました。

結局全部私ひとりで抱え込んでた。

Ⓠ一番しんどかった時期ですよね。

Ⓐ……はい、そうでしたね……（涙）。

外食に連れていっても、周りからは見た目は普通の子に見える。だからただ、しつけの悪い子というような感じで注意される。

そういうことがあって、すごくしんどい時期もありました。

science

チョット科学してみると

★自閉症児の親のストレス

自閉症のある就学前幼児をもつ親（115名）に行った調査研究の結果を参考にしてみましょう（坂口・別府2017）。

この研究では、不安や抑うつなどの心理的ストレス反応を引き起こす要因を分析し、次の四つにまとめています。

①「サポート不足」（例：周囲の理解がない・適切な情報がもらえない）
②「問題行動」（例：自傷・こだわり・多動）
③「愛着困難」（例：子どもから関わりを求めてこない・反応がない）
④「否定的感情」（例：子どもをかわいいと思えない・私のせいではないかと自分を責める）

これらを自閉症以外の障害のある子どもの親と比較すると、①と④は共通していること。②と③は、自閉症のある子どもの親に特有であることもわかりました。インタビューの内容とも重なる部分が少なくありません。

colum

伴走者の眼

そして伴走者として、ひとこと書き加えておきたいと思います。

家族や周囲の人から、母親のせいだと言われ続けて孤立し、やがて自分自身を責めるようになっていく……。

インタビューがこの部分にさしかかったとき、語りの前には長い沈黙があり、途中に何度か涙がありました。

20年以上経っていても、お母さんのこころの傷はけっして癒えてなどいないことを痛感しました。

インタビュー

2．人並み？ ありのまま？ 揺れるこころ

「障害」の診断を受けて

Ⓐその後、2歳頃に障害がはっきりして、ショックの反面、安心したというのがありました。「私が悪かったんじゃなかったんだ」っていう。

Ⓠそれは、診断のプラスが大きかったということ？

Ⓐそう!! そこで気持ちを切り替えられました。障害なのであれば、小さいうちにどうにかしてやらないといけない、どうにかしていこうと。ちょっとプラスに考えられるようなきっかけになった。それまでが、すごくマイナス思考だったので。普通の子じゃないのは、私が悪いんだっていうのがすごくあった……。

人並みか、ありのままかの葛藤

Ⓠ気持ちの切り替えって、大変なことですよね。揺れ動くことはなかった？

Ⓐもちろんありました。普通に（成長して）いってほしいというのは、たしかにあったんですよ（少し興奮気味なのか、声が大きくなった）。それはすごく葛藤があったんです。

「ありのまま」OK!! ママ友たちの支え

Ⓐけど、保育園の頃に、トモの同級生とお姉ちゃんの同級生に「うちの子はこういう障害があるんです……」と話をしたら、そのあたりからだんだん周りが気に掛けてくれだして、理解してくれるお母さんが多くて、休みの日に遊びに行かないかと声を掛けてくれました。

そのあたりから、すごく救われましたね。

Ⓠお母さん同士のつながりは、大きなちからになりますね。

Ⓐ周りのお母さんたちが「全然構わないから、いっしょに遊ぼうよ」って言ってくれて、ご飯を食べに行ったり、あちこちいっしょに行ってくれたりしました。

それでだいぶ気分的にね……。

これで（ありのままで）いいんだって。

チョット科学してみると

★障害受容論

わが子の障害を告知された親の心理的反応に関して、「障害受容論」という考え方がいくつかあります。

家族として自分の気持ちを整理したり、支援に当たる者が相手を理解するうえで、何かの役に立つこともあるでしょう。

まず、段階説では、親の感情や反応は時間の経過とともに変化し、しだいに適応に向かうとしています。

そのプロセスを、①ショック　②否定　③悲しみと怒り　④適応　⑤再起、とするのが代表的です。

いわゆるサクセスモデルですが、親なら子どもの障害を受容すべきであるという押しつけになりかねないと、批判的な意見もあります。

一方、慢性悲哀説では、どんなに時間が経っても親のこころの底には常に悲しみがあるとしています。

苦悩や絶望と関連した悲しみは、親の自然な反応であって、慢性的に続くと考えています。

らせんモデルは、段階説と慢性悲哀説を統合した考え方です。まるでコインの裏表のように、一人ひとりの親のなかに、障害の否定と肯定（受容）が共存していると考えます。

親の歩むプロセスをらせん階段にたとえ、受容に向けて昇り進めながらも、子どもの成長の節目（入学などのライフイベント）というタイミングで、悲しみが再燃する危機的状況もまた見積もっています。

最後にひとこと付け加えると、「障害受容」は、一人ひとりの当事者や家族が主体的に進めるものです。そのあり方は千差万別。右上がり一直線もあれば、ゆっくりペースのらせん階段もあるでしょう。

ここでも多様性への配慮が求められています。

3.「開き直り」もあっていいんだ

これはもう開き直るしかない

Q この子とやっていけそうだっていう、気持ちのゆとりも出てきた?

A そうですねえ……。ある程度大きくなってきてから、やっぱり大変は大変だけど、ある程度開き直らないといけないんだ、という気持ちが出てきました。

Q「開き直り」って、いろんな解釈があると思うけど……。ふてくされて諦めてということじゃなくて、ありのままでいいんだ。そんな意味でしょうか?

A そうですね、100%かっちりしてなくて、いいんだっていう。(子どももそうだし)母親も100%はむずかしいっていう、変な開き直り。ちょっと手抜きした方がいい。

私自身が精神的に成り立っていかなくなったら、トモもお姉ちゃんも困る。

ましてや（父親が亡くなっており）この子たちには私しかいないというのがあって、これはもう開き直るしかないと思った。

みんなといっしょ。ありのまま。折り合いをつけるには

Ⓐ保育園の頃の先生といろいろあって、失礼かもしれないけど、先生は一般論というか、トモもみんなといっしょに当てはめられていた。

先生は「トモ君もやればできるから、がんばろう」って。

私は、それは無理じゃないかって思いながらも、先生が言うんだったらトモにもできるんだろうかとも……。

でも、やっぱりトモのようすを見ていると、先生の話と家でのようすが全然違うので。

それならそのまま受けいれて、100％は絶対無理だからと開き直ったんです。


Ⓠもう少し具体的に話してもらえますか？

Ⓐたとえば、お箸のもち方。先生は直さないといけないと言われました。それから、朝の食事のこと。家を出る時刻がトモのパターンで決まってるから、食が進まない日には、まだなんにも食べていないのに出掛けてしまう。だから、毎日じゃないけどたまに、クルマに乗せてから食べさせたりしてました。そしたら口のなかに食べ物が残ったまま保育園に行く。すると、先生に指摘される。

「トモ君、お口に入れたまま保育園には来ません」と。

けど、先生の言うようにしようとすると、食べずに保育園に行くことになるんです。たしかに、口のなかに食事が残ったままの登園はいけないけど、かと言って食事抜きもいけないし。

すごく悩みましたけど、ある程度開き直って、間に合わないときは食べながらでも連れていく。

変な開き直りかもしれませんけど、そうやっていくしかないかなと。


Ⓠなるほど……。

みんなのなかで、みんなといっしょに。すごく大切なことだと思うし、親の願いでもあるんだけど。
でも、何もかもみんなと同じ……とはイコールじゃない、ということでしょうねえ。

colum

伴走者の眼

伴走者として関わったエピソードを紹介しておきます。

年中組のトモ君が、「よその教室には入らない」という「お約束」を守れないことが問題になっていました。

お母さんの話では、保育園から帰宅するという大きな場面の切り替えが苦手なトモ君は、入園当初は大泣きや大暴れ。

それが、年少組の途中から、教室の棚にある紙芝居を全部取り出して床に並べ、また元の棚に戻すという「儀式」をするようになりました。

この「儀式」をすると切り替えスイッチＯＮになり、スムースに帰宅の途につくことができていました。

よその教室というのは、どうやら昨年度の年少組の教室だったようです。

お母さんからの要望で担任の先生に連絡してみました。

自閉症の特性に触れながら紙芝居儀式についても説明し、「お約束」緩和の配慮を提案しました。

先生から正面切っての反論はありませんでしたが、「そうでしょうかねえ……」と言った声の調子には、納得できないという気持ちが表れていました。

そのあと、先生が「トモ君がお約束を破っていると言ってくる子もあります。どこまで許していいのか、私も困っています」。

ベテラン先生が口にした率直なことばこそが、この連絡の収穫だと受けとめました。だから、ここは少し待って、先生自身に納得のいくやり方を見つけてもらおうと考えました。

もちろん、トモ君やお母さんのためには早い結論が望まれますが……。

私はあれこれ言わず、昨年度トモ君の補助についていた先生に、これまでのようすを聞いてみてください、とだけ伝えました。

補助の先生から詳しく経過を聞き、目線を変えてトモ君を観察してみると、「困った」行動の背景にある意図をやっと理解できたのでしょう。

担任の先生は試行錯誤しながら、教室の本棚の一角に紙芝居置き場を作りました。

そして、クラス全体の関係性への配慮から、みんなの前で、トモ君を「紙芝居のお片付け係」に任命。

トモ君も徐々に落ち着きました。

しばらくして、先生からお母さんに「ホントによかった」と、ことば掛けがあったそうです。

お母さんと先生のパイプがちょっと太くなった印象を受けました。

「みんなといっしょに」と「みんなと同じように」。

このふたつのバランスに悩みながら、トモ君のお母さんは「開き直り」の姿勢を取るようになりました。

「開き直り」がお母さんのなかだけで消化されるのではなく、保育や教育の場を共有するために必要な特別の支援につながるように、伴走者としてより一層の努力が求められていると思っています。

インタビュー

4．こだわりとこころ

お母さん目線と子ども目線

Ⓠありのままを受けいれるということと似ているけど、トモ君の独特の興味とか感じ方に対して、受けいれ幅が広がったというようなことは？

Ⓐそれはありますよね（笑）。

Ⓠそうならざるを得ないとか？

Ⓐそうなんですよ。そうならないともう……。

Ⓠお姉ちゃんのときには、お母さんの目線で「こうしてごらん」とか「こうした方がいいよ」とか。それで結構スムースにいってたけど、そうはいかない？

Ⓐそうそう。こだわりもあるし。
靴ひとつにしても、それ！　じゃないといけないというのがあった。

「こだわり」……悪戦苦闘の日々

Ⓐトモは小さいとき紫色のアンパンマンの靴が気に入ってて、他のはダメ。汚れて洗ったりしたら大変なんです。「（こだわりの靴は）洗ったからね!!（別のを履いて）」（当時の母親の口調で。困惑やイライラが表現されている）。いくら言っても、トモは洗ったということが納得いかない。前の晩から、「トモ、明日、靴これだからね」「これを履いていくよ」って何度も言って、靴を見せて、玄関に置いてあってもダメでした。本人は納得できていないので、朝になると、下駄箱を開けてみたり、あちこち覗いて探しているけど見つからない。「洗っているからね」とベランダへ連れていって見せたら、そのまま裸足で行こうとする。

Ⓠそんなときに、「いい加減にしなさい」「今日だけはこれを履いていきなさい」と言いたいけど……。

Ⓐそうなんですよ。「もう、（こっちを）履いて行ったらいいじゃないの」と言いたいけど、トモはやっぱりそれが納得できない。

「これこそトモなんだ」と気づく

Ⓠもうしょうがないと思った？ トモ君はこういう特徴の子なんだと……。

Ⓐそう!! これがトモなんだって……。「もういいか」と、結局、同じ靴をもう1足買ってきました。

Ⓠなるほど。

Ⓐもうそれで洗い替えって感じで履かせて。それから、お菓子もジュースも、これ!! じゃないといけないいし。お菓子はいまだに尾を引いていて、これじゃないといけないです（笑）。

Q お母さんの方がトモ君目線になった。「こだわり」にこだわらなくなった。そんな言い方もできるかもね。

チョット科学してみると

★こだわり行動

自閉症の特徴としてこだわり行動があります。たとえば、砂場で砂をすくってはサラサラ落とし続けるとか、いつも決まった順序でしか行動しないとか。

こだわり行動に関して、次のような見方もあります。自閉症は三項関係の形成につまずきやすく、相手といっしょに何かを体験するということが苦手なのです。

この共有体験がなければ、自分の身の回りにある物の意味（社会的・文化的な意味）がわかりにくくなります。

物の意味は、その物に対する振る舞い方だと言い換えられます。コップなら飲む、スプーンならすくう、というように。

ところが、振る舞い方を共有する体験がないと、いつまでも無意味の海に放り出された格好になってしまいます。

そして、無意味の海のなかでところどころ、物理的・生理的な意味だけが、まるで岩のように突出してきたりします。

自閉症のある子どもは、溺れまいとその岩にしがみつくのではないでしょうか。たとえば、お日様の下でシャワーの水が光るキラキラ感、砂が手の平に触れたサラサラ感、などなど。

いつまでやるんだろう、もうすぐ食事なのにと気をもむおとなを尻目に、砂場や水場で延々と過ごす子どもの姿と重なります。

こだわり行動の解釈にはいろいろあると思いますが、ここで紹介したような考え方も、支援のヒントになりそうです。

ときには、時計を気にせず、水遊びシャワー遊びにつき合ってみましょうか。もしかしたら、虹が見えて意外に楽しかったりして……。

楽しい体験の共有は、いつかどこかで社会的な意味づけに繋がっていくと思います。

インタビュー

5．わが子という気づきへ

もしも「甘え」のないままだったら

Ⓠ最後に、ちょっと答えにくい質問かも……。

もしも、トモ君がいつまでもお母さんに興味を示さず、甘えず頼りにせず。そんなことがずっと続いていたら、お母さんとしてもトモ君を受けいれにくかったのではないか。そこのあたりは率直なところどうでしょう？


Ⓐうーん………。そうですね。それはあると思います。

たしかに、それ（お母さんとの関わり）があっての今なんですけど。もしそれがなかったとしたら、ひょっとしたら、もう放りっぱなしだったかもしれない。ただ（自分が悪いんだとひとりで）抱え込んでそれで終わっていく。周りとの関わりももつことができなかったかもしれない。

いっしょに暮らせなかったかも

Ⓐ今となっては、はっきりとは言いにくいけれど、多分、ひょっとしたらトモといっしょにいることができなかったかもしれない。

Ⓠあー、そう……。

Ⓐかもしれないし……（少し動揺しているような口調が続く）。うーん。そういうこともあったかもしれない……。

「人並み」を求め続けたかも

Ⓐけど、ひょっとしたら、諦めずにあちこち相談に連れ回ったかもしれない。あそこがいいって聞いたらあっちへ行って、こっちがいいと聞いたらこっちへ行ってと……。

Ⓠ人並みになってほしいということ？

Ⓐそう、そうです。人並みにっていうのは、たしかにありました。

日々の関わりのなかで。「わが子」という気づきへ

Ⓐそうですね……（冷静な口調に戻って）。でも、やっぱり自分の子どもとして生まれた以上は、トモの目線で、トモといっしょに、お姉ちゃんといっしょにって、そのことが私は基本にありました。

Ⓠ「自分の子どもとして生まれてきた」ということば、すごくこころに響きました。トモ君にとっても、お母さんにとっても、代わりはいないということですものね。もちろんお姉ちゃんも。「わが子とともに生きる」って、そういうことなんでしょうね、きっと……。今日はいっしょにお話しできてホントによかった。ありがとうございました。

colum

伴走者の眼

トモ君のお母さんは、明るくてオープン・ハートで、語り口もストレートな人です。でも、インタビューのこの部分では印象が違っていました。

特に、子どもといっしょにいられなかったかも……と告白するところでは何度かためらい、明らかに動揺しています。

もとは、トモ君がお母さんとの愛着を築けないままだったとしたら?という、インタビューからの「もしも」型の質問でした。しかし、前後の流れから推測して、まるっきりの空想の答えとは考えにくいのです。

やはり、いつかどこかでお母さんが実体験したことではないでしょうか。だから動揺もあったと思われます。

動揺しながらも、これまでふたをしてきた想いを解き放っています。

少し大げさかもしれませんが、語ることで自分に向き合うことができたのではないでしょうか。

子どもに対する最大級の否定的感情が、自分のなかにあったことに気づく・みとめる・逃げない・向き合う。そんなお母さんのこころの道すじが見えました。

そして、「自分の子どもとして生まれた以上は……」という心境へ。決してきれいごとではないでしょう。

お姉ちゃんやトモ君との日々の暮らしのなかで、諦めもあり、「開き直り」もあり。でも、親も子もどちらも、代わりはいない。動かしようのない現実を「しょうがないし……」と引き受けて、「もういいか……」と自分なりに共生のかたちを創っていく。

そこには、ドロドロとしながらも確かな、「『かあさん』⇕『トモ君』」の関係、切っても切れない親子の絆があると感じました。

「わが子とともに生きる」。このことの光と影を、インタビューを通して学んだような気がします。

子どもの障害という点を括弧付きにした、より広い層からの反響も期待しています。

お母さんのこころの道すじには、まだまだいくつもの曲がり角があるでしょう。どっちに行こうかと迷ったり、後戻りしたくなることも。

でも、そのとき、「『自分の子どもとして生まれた』トモ君だよね」というこころが現れて、急かさず道案内をしてくれるのではないでしょうか。

III・まとめにかえて

次のページから、表形式でインタビューをザックリとまとめてみました。時系列に沿って〝トモ君のようす〟と〝お母さんのこころ〟という二つの軸を関連づけながらまとめました。

筆者の思い込みも少なからずあろうことをお断りしたうえで、インタビュー全体を見渡すための参考になればと「提案」しておきます。

まず、この表を眺めてみて、興味のわいた部分から本文に。これもひとつの読み方かと思います。

読者のみなさんの自由な発想で活用してください。

【資料　インタビューのまとめ】〈　〉は代表的な語り

トモ君のようす

【全然‼泣かない赤ちゃん】
【抱っこイヤ】
〈哺乳瓶をもてるようになると、自分で〉
【バリケードのなかで、ひとり遊ぶ】
〈近づくと、来るなっていうオーラ〉
【甘えない】

お母さんのこころ

【母親のせい？　独りで悩むしんどさ】
〈私のしつけが悪いと言われた〉
〈結局、全部私ひとりで抱え込んでいた〉

トモ君のようす

【自分じゃ無理。お母さんを使う】

〈（背の届かない位置のエアコンを見たいなど）自分では無理なときは呼びに来る〉

〈引っ張りに来るけど、甘える感じはない〉

お母さんのこころ

【障害診断。私のせいじゃない、前向きに】

〈プラスに考えるきっかけになった。それまで、普通の子じゃないのは私が悪いんだというのがすごくあった〉

【とまどい。でもトモのこころを知りたい】

〈お姉ちゃんには、抱かれに来て、「お母さん」という行動があったけれど〉

〈周りを見だしたら、何が要るのかなと（後ろから）観察をするようになりました〉

【甘えスタート。保育園大変化が引き金に】

〈（年中の学年初。お迎えの後、園庭で少し遊んで帰るという、いつものパターンなのに）私がいるかを確認（し始めた）〉

《愛着》

【うれしいときを過ごす。お母さんといっしょに】

〈ブランコを押してやると、後ろを確認する。そのときはニコニコ笑ってた。目も合うし〉

【ありのままOKだったママ友応援団】

〈（トモの障害を打ち明けると）「全然構わないから、いっしょに遊ぼうよ」と〉

【悪戦苦闘の果て。これがトモなんだ】

〈（靴へのこだわりエピソード）もう（いい加減にして）と言いたいけど、やっぱりそれが納得できないし〉

トモ君のようす	お母さんのこころ
【イヤなとき、かなしいときも大丈夫。お母さんといっしょなら】 〈私が「飛行機なくなったね」と言ったら、涙をポロポロ流して泣き出した〉 〈「ほらライト」とか、私はずっと声掛けしながら待ってましたから〉 〈飛行機が来たら、私に知らせるように「来た!!　飛行機!!」って〉 【こころ重なって、うれしさＵＰ】 〈私も「来たねえ」って言うと、もう車が揺れるくらい（飛び跳ねて）うれしそうにしていました〉 《情動共有・共感》	【１００％じゃなくていい。開き直りの覚悟】 〈「トモ君もやればできるから、がんばろう」と先生は言うけれど（１００％は無理）〉 〈私自身が精神的に成り立っていかなくなったら困るので〉 【響き合い。トモうれしそう、だから私も】 〈私が「トモ、ライト!!」と言うと、ニコッと笑う。そういうのを見ているとやっぱり……（少し涙声に）〉

【お母さんを安全基地に、外の世界へ】
〈小学校の頃から（校外グループの活動など）だんだん大丈夫になってきました〉
〈私がいるのを確認してから、また活動の場所に戻ることがありました〉
〈（とても不安だった高等部の寄宿舎）けど行ってみたら、意外に楽しかって、お母さんはいらなかった〉
〈（毎週末、寄宿舎のお迎えで）「やっぱり笑顔が違うね」と先生に言われた〉

【「かあさん」と思ってくれているんダネ】
〈（寄宿舎は）「楽しい」という本人のことばがあったので、私も安心しました〉
〈「やっぱり笑顔が違うね」と先生に言われた〉

トモ君のようす	お母さんのこころ
【青年は甘えず!?　いたずらバイアス】 〈（もう青年だから）来るなという（母親への態度が見える）〉 〈（テレビのリモコンを）こっそり取っていって勝手にチャンネルを変える。いきなり英語に変える。なんか横から邪魔しにくる、いたずらする〉 【お母さんへのごきげんうかがい】 〈しばらくは放っておいてくれという感じで「怒られた」とずっとブツブツ言ってますけど、あとですーっと来て、何も言わずに横の方で座ってます〉 《他者理解》	【もう子どもじゃないんだ。でもやっぱり関わりたい】 〈まあけど、それ（いたずら）もいいかなと……。毎日のようにそういうやりとりですよ〉

【振り返れば、「わが子とともに」へ……】

〈もし、それ（甘え、母親への関わり）がなかったとしたら、もう放りっぱなしだったかもしれない〉

〈それでも（なんとか人並みになってほしい）と思って、あちこち相談に連れ回ったかもしれない。それもあります〉

〈けど、やっぱり自分の子どもとして生まれた以上は、やっぱりトモの目線で、トモといっしょに、お姉ちゃんといっしょにっていう、そのことが私はやっぱり基本にありました〉

いかがでしたか？

読者のなかには、もっと違った視点でまとめる人もいるかもしれませんね。


さて、先日「大事件」が起きました。

お母さんがトモ君の肥満傾向を相談すると、生活習慣病などのチェックのため、血液検査をすることになったのです。

幼児期に押さえつけられて注射して以来、トラウマのようになっていて、今まで一度も受けたことがありません。お母さんもドキドキだったそうです。

看護師さんは、「ここに腕をのせて」「グーの手して」などモデルを見せながら、ひとつずつことばを掛けてくれました。

そして何より注射が上手だったのでしょう。

ナント採血に成功したのデス‼

終了後、「アイタタタ」と繰り返す程度で、大きな混乱はありませんでした。

数カ月前に、作業所のみんなといっしょにコロナ・ワクチン接種を受けていたことも、プラスに作用したかもしれません（ちなみに検査結果は問題なし）。

相談室で報告を聞いた私は、「トモ君に注射って、一生無理かもと思ってた」と、つい言ってしまいました。

お母さんも大きくうなずいて、「そう思ってた‼」。

障害ゆえに、かつてのトモ君は人に対する興味関心が薄く、不快な刺激を発して向かってくる、恐ろしいものと受けとめられることさえありました。

そのトモ君が、採血なんて⁈　ホントに驚きました。

そして、彼の成長にこころを打たれました。

インタビューでも明かされた、お母さんとの関係を基盤に、長い時間をかけて、相手の人のこころ（意図）に気づくようになり、そのこころに応えることができ始めたのだと考えます。

病院で看護師さんと関わったとき、この人はそんなに怖くない／きっと大丈夫／だから、自分の身を委ねてみようと、思えたのでは……。

トモ君のこのような発達変化は、他者理解などの語を用いて説明されるのでしょうが、私は、人への基本的な信頼感という、もう少し一般的なことばともリンクさせてみたい気がしました。

というのも、いま、私たちは、かつてないほどの多様性の時代を生きていこうとしているからです。

障害もそのひとつですが、お互いの違いをみとめ合ったうえで、ともに歩いて行ける道がどこかにないものかと、想像し創造する姿勢が求められています。

私たち一人ひとりが共生の道を辿ろうとするとき、人への基本的な信頼感は、ひとつの大切な道しるべとなるでしょう。

トモ君の「大事件」エピソードは、人への基本的な信頼感について再考する機会を与えてくれました。

インタビューをまとめながら、ひとりのお子さん（今や青年）とお母さんに、永く永く伴走することができた幸せを、あらためて感じています。

おわりに

元号が令和に変わった２０１９年、自宅に引きこもり状態だった長男（当時44歳）を殺害した父親に、懲役６年の判決が言い渡されました。

当時の新聞には、「長男から殺すぞと言われ、怖くなって反射的に台所の包丁を取って戻り、もみ合いのなかで刺した」という父親の供述が載っています。

裁判員裁判で、父親の供述への反証が示され、反射的に殺害したのではなく、以前から殺害を考えていたと判断されました。

しかし、一方で、長男のために主治医の所へ定期的に相談に通う、長男の苦手な身の回りの片付けを手助けする、などの事実も明らかになりました。

積み上げられた事実をもとに、総合的に検討を加えた結果の量刑だったのでしょう。

長男には、発達障害（「アスペルガー症候群の疑い」）があり、進学・就職にもつまずいてきました。

ＳＮＳでは、自分の障害を呪う書き込みとともに、「お父さんはＢＳＥ（牛海綿状脳症）問題を解決に導いたすごい人」と、父親への尊敬も表明していました（父親は元農林水産事務次官）。

この事件について、教育ジャーナリストおおたとしまさ氏は、次のようにコメントしています。

「いつか親にみとめてもらいたい、それだけが長男の望みだったのではないか。発達障害があるにせよ、子ども時代からいじめや受験の失敗で壁にぶつかったとき、望ましい親の接し方は『いてくれるだけでいい』とつらさに寄り添うこと。難しいが、子どもが自らの力で立ち直れるかどうかは、それが分かれ道になることが多い」

おおた氏のコメントには、今回のインタビューと、大きな重なりが見出されます。「『いてくれるだけでいい』と寄り添う」とは、「私の子どもとして生まれた以上は」と受けいれることだと、言えるのではないでしょうか。

事件の関連報道として、「俺の人生何だったんだ」と突っ伏して泣いた長男に、そばにいた父親は、「ごみを片付けなきゃ」とつぶやいただけだった。そんなエピソードもありました。

このエピソードから浮かび上がる、非情な父親像。

でも、そうでしょうか？　私はちょっと疑問に感じました。

泣き伏す息子を目の前にして、いったいどんなことばを掛ければいいのか、父親にはわからなかった。そうは考えられないでしょうか。

こころの嵐のなかで、父親の口をついて出た、ごみの片付け。それだけが、父親が見つけることのできた長男との接点、父親なりのコミュニケーションの糸口だったのかもしれません。

父親は、長男の障害特性の理解不十分を、主治医から指摘されていました。

父親にすれば、基本中の基本であるごみ処理ですが、長男にとっては、苦手中の苦手。この特性ひとつをとっても、父親と長男の目線のズレは相当なものだったでしょう。

だから、父親は父親目線（おそらく上から目線）の関わりになりがちで、ごみの片付けという、せっかく見つけた接点を、共感的なコミュニケーションに活かすことができなかったのだと思われます。

どんな片付け方ならわかりやすいかと、長男の目線で試行錯誤できていたら。ダメもとで、長男に「どうしようか？」と聞いてみたら。何か道が開けたかもしれません。

こう見てきたとき、トモ君のこだわりに対して悪戦苦闘の末、お母さんが目線を変えて、「これがトモなんだ」と諦めた＝明らめたエピソードが、共通項として浮かんできます。

諦める＝明らめるは、かつて読んだ本のなかで紹介されていた、母親のことばを参考にしました。その母親は「最近になってようやく、息子のことを諦めることができるようになった。諦めるって、明らかに極める、っていうことなのですって（笑）」と、話したそうです。

誰かに聞いたことばらしいのですが、障害のある子を長年育ててきた、母親のこころにヒットしたのでしょう。どこか明るさを伴った、発想の転換が感じ取れることばだと思います。

この事件の背景には、家族の歴史のなかで醸成されてきた、多くの複雑な要因が絡んでいると推測されます。限られた情報しかもたない者が、分析などできるはずもありません。

しかし、私なりの感想を許されるなら、繰り返しになるかもしれませんが、やはり、わが子としての受容ということが、ひとつの鍵を握っているように感じています。

わが子としての受容に関して、インタビューではどうだったでしょうか。

トモ君のお母さんのこころを辿っていくと、何度も揺れ動きながら、ひとつの到達点が示されていました。

「私の子どもとして生まれた以上は」「子どもの目線でいっしょに」やっていく。

これは、トモ君との暮らしのなかで、紡ぎだされてきたことばです。

お母さんには諦めや開き直りもあったでしょう。けっしてきれいごとでは語れません。

いつも笑顔ではいられない。子どもとの目線のズレや共感のむずかしさに苛立ち、周囲の理解不足に傷つき涙する。

ときには、大きなため息をつきながらも、代わりのきかない者同士、ともに生きていくしかない。

でも、振り返れば、この子がいればこその「私の人生」。

それが、わが子としての受容、そして家族としての共生の現実では……。

もう少し話を広げると、障害にかかわらず、人は誰も皆、ユニーク＝唯一無二です。

私は私でしかなく、あなたはあなたでしかありません。代わりはききません。

それだからこそ、互いに相手のこころを想像し、違いをみとめ合い、共生の道を探ることが求められていると思います。

この小さな本が、障害のある人もない人も、どんな人もみんなが、「ともに生きる」ことを考えるうえで、少しでもお役に立てば幸いです。

2023年2月

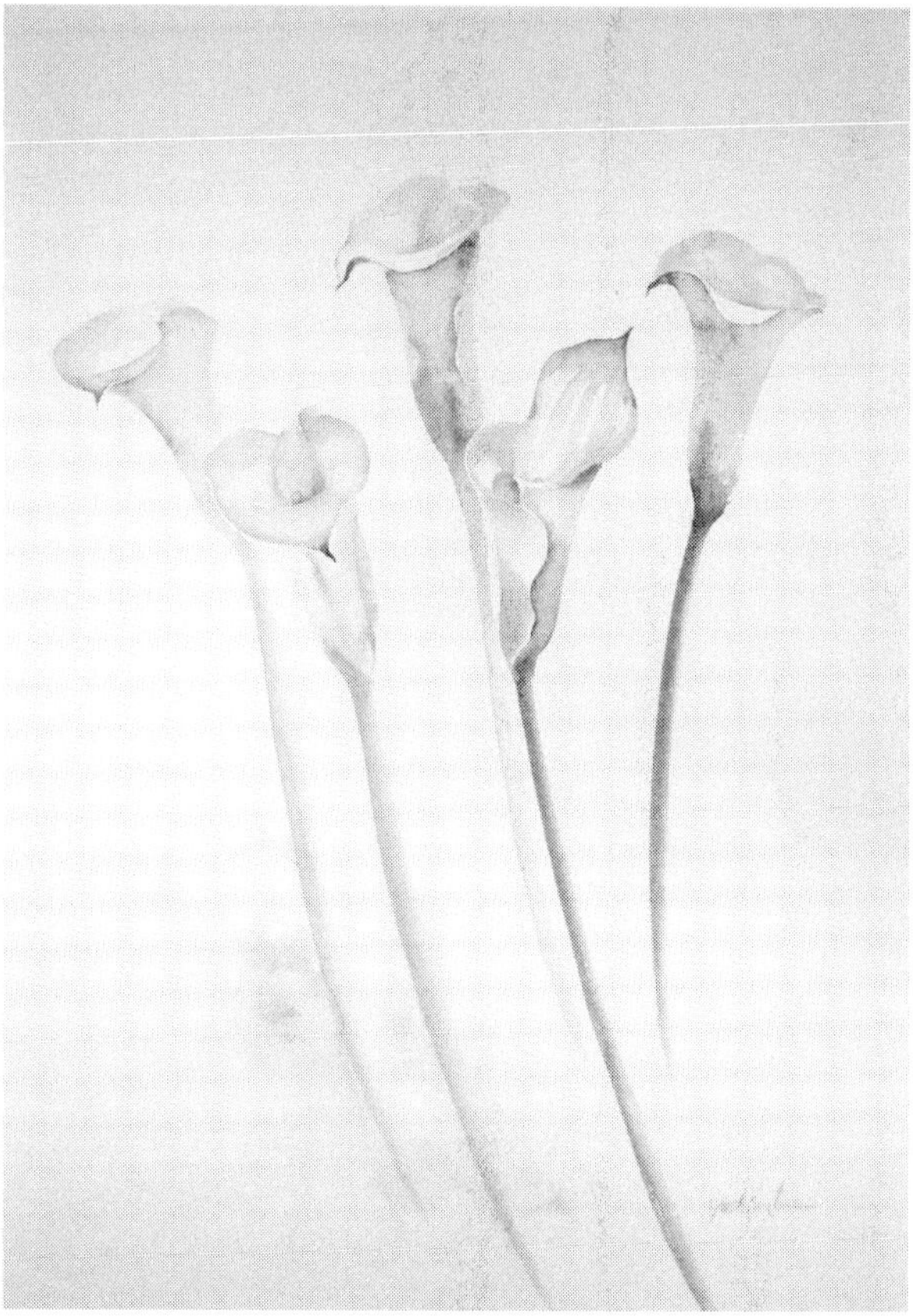

【文献】

板倉昭二（２０２０）「共感の芽生えと発達」『発達』１６３　９-14頁

一瀬小百合（２０２０）「家庭における支援の視点」『そだちの科学』34　８-14頁

遠藤利彦・伊藤匡（２００７）「自閉症児の発達を促す環境づくり～あえて巻き込まれることと巻き込まれないこと～」『発達』１１２　77-88頁

遠藤利彦（２０１８）「アタッチメントが拓く生涯発達」『発達』１５３　２-９頁

数井みゆき・遠藤利彦編著（２００５）『アタッチメント～生涯にわたる絆～』ミネルヴァ書房

鯨岡峻（２００５）『エピソード記述入門～実践と質的研究のために～』東京大学出版会

黒川新二（２０１９）「自閉症研究の七〇年ー誤謬の反復」『そだちの科学』32　93-96頁

坂口美幸・別府哲（２００７）「就学前の自閉症児をもつ母親のストレッサーの構造」『特殊教育学研究』45　１２７-１３６頁

菅原和孝（２０１１）「コミュニケーションの原点を求めて：表情と関係性から」『コミュニケーション障害学』28　１８１-１８６頁

杉山登志郎（２００８）「『発達障害』をどう捉えるか」『発達』１５５　２-28頁

鈴木淳子（２００５）『調査的面接の技法第二版』ナカニシヤ出版

髙橋脩（２００６）「自閉症とＡＤＨＤの愛着の発達について」『そだちの科学』７　66-72頁

高橋翠・堤かおり（２０１８）「アタッチメントと発達障害・アタッチメントの障害」『発達』１５３　49-54頁

滝川和廣（２０１９）「精神発達について考えてきたこと」『そだちの科学』32　１６０－１７３頁
竹澤大史ら（２０２１）「自閉症スペクトラム障害のある幼児の養育者を対象とした心理教育プログラムの効果」『臨床発達心理実践研究』16　１０９－１１８頁
中田洋二郎（２００２）『子どもの障害をどう受容するか～家族支援と援助者の役割～』子育てと健康シリーズ第17巻　大月書店
浜田寿美男（２０２０）「自閉症の症状は形成される」『発達』１６１　35－40頁
東川健・東川早苗（２００７）『自閉症スペクトラムの子どもとの家庭でのコミュニケーション』エスコアール
古田直樹（２０２０）「自閉症と自己形成」『発達』１６１　41－46頁
別府哲（２００５）「共同注意：同じモノをみる」子安増生編『よくわかる認知発達とその支援』80－81頁　ミネルヴァ書房
別府哲（２００１）『自閉症幼児の他者理解』ナカニシヤ出版
別府哲（２０１３）「自閉症児と情動ー情動調整の障害と発達」『発達』１３５　66－71頁
別府哲（２０２０）「自閉スペクトラム症児のユニークな情動理解」『発達』１６３　74－79頁
やまだようこ編著（２００７）『質的心理学の方法－語りをきく』新曜社
山根隆宏（２０１２）「高機能広汎性発達障害児・者をもつ母親における子どもの障害の意味づけ：人生への意味づけと障害の捉え方との関連」『発達心理学研究』23　１４５－１５７頁

小村宣子（こむらのぶこ）
1954年　兵庫県生まれ
大阪大学人間科学部卒業
兵庫教育大学大学院障害児教育専攻修了
高知市立学校での特別支援教育担当（主に言語障害）、病院での言語聴覚療法担当の後、自宅に「こころとことばの相談室」を開設。
相談室業務と並行して、非常勤にて高知県及び大阪府で障害児の通園施設等に勤務した。
また、大阪府及び兵庫県の言語聴覚士養成校で言語発達等の講義を行っている。
言語聴覚士・公認心理師・臨床発達心理士
『この子と「ともに生きる」すばらしさ』
共著　ジアース教育新社（2012）

UNIQUE《ユニーク》
自閉症《じへいしょう》の子《こ》と母《はは》とともに

発行日　2023年3月1日　初版第1刷発行
著　者　小村宣子
発行人　坂本圭一朗
発行所　リーブル出版
〒780-8040
高知市神田2126-1
TEL 088-837-1250
装　丁　傍士晶子
イラスト　吉松陽子
印刷所　株式会社リーブル

ISBN 978-4-86338-373-9